*Investire in Immobili Senza Possederli
Strategie Innovative per un Reddito Passivo*

- *Utilizzare le opzioni di leasing come strategia di investimento.*

Capitolo 5: Storie di Successo

- *Casi di studio di individui che hanno creato un flusso di reddito passivo senza possedere immobili direttamente.*

Capitolo 6: Affrontare le Sfide Legali e Finanziarie

- *Considerazioni legali e fiscali degli investimenti immobiliari.*
- *Gestire i rischi e proteggere i tuoi investimenti.*

Conclusione

- *Riepilogo dei concetti chiave e motivazione per iniziare a investire in immobili senza acquisti diretti.*

Appendici

- *Glossario dei termini immobiliari.*
- *Elenco di risorse utili: siti web, libri, forum, software.*

INTRODUZIONE

Scopri il segreto per diventare un leone nell'arena degli investimenti immobiliari, anche senza mai possedere fisicamente un mattone. 'Investire in Immobili Senza Possederli: Strategie Innovative per un Reddito Passivo' è molto più di un semplice manuale di strategie finanziarie; è una chiamata alle armi per chi è pronto a dominare il mercato con astuzia, ingegno e un pizzico di coraggio. Questo libro ti equipaggia non solo con il know-how tecnico ma anche con la mentalità di un vero predatore, pronto a cogliere opportunità là dove altri vedono solo ostacoli.

Attraverso le pagine di questo volume rivoluzionario, esplorerai il vasto territorio degli investimenti immobiliari senza possesso, dalle basi dell'house hacking e degli affitti brevi alle complesse strategie di REITs e crowdfunding immobiliare. Ogni capitolo si snoda come una mappa del tesoro, guidandoti attraverso jungla e savana, rivelando i segreti per costruire un impero immobiliare senza mai mettere piede in una banca per chiedere un mutuo.

'Investire in Immobili Senza Possederli' non si limita a mostrarti come generare reddito passivo; si spinge oltre, invitandoti a riflettere sul significato vero della libertà finanziaria e su come il coraggio di perseguirla possa trasformare la tua vita. Verrai introdotto a concetti avanzati come le partnership e le lease options, strumenti che, se impiegati con saggezza, possono moltiplicare le tue entrate e solidificare la tua presenza nel mercato senza il bisogno di possedere fisicamente gli immobili.

Preparati a essere ispirato dalle storie di successo di chi ha calpestato questo sentiero prima di te, imparando dalle loro strategie vincenti e dai fallimenti che hanno trasformato in lezioni preziose. Questo libro è un tesoro di conoscenza, con ogni capitolo che si apre su nuove possibilità, nuove strategie e nuove visioni di ciò che è possibile realizzare.

Affronta le sfide legali e finanziarie con una sezione dedicata che ti preparerà a navigare le acque a volte turbolente degli investimenti immobiliari, dotandoti delle conoscenze per proteggere i tuoi investimenti e massimizzare i tuoi guadagni. Con un linguaggio chiaro e accessibile, 'Investire in Immobili Senza Possederli' demistifica i concetti complessi, rendendoli accessibili a chiunque sia pronto a imparare.

Questo libro non è solo una guida; è un manifesto per tutti coloro che sognano di raggiungere l'indipendenza finanziaria attraverso percorsi non convenzionali. È per gli audaci, per i sognatori, per i futuri re e regine del mondo immobiliare che sanno che, per governare, non è necessario possedere; è sufficiente essere astuti, preparati e pronti a ruggire. 'Investire in Immobili Senza Possederli' è il primo passo verso la vita che hai sempre desiderato. Prendilo, e inizia a correre verso il tuo futuro.

CAPITOLO PRIMO

Concetti di base dell'investimento immobiliare

Benvenuti al capitolo iniziale del nostro viaggio verso la comprensione e la maestria degli investimenti immobiliari senza l'onere della proprietà diretta. In questo capitolo, "Fondamenti degli Investimenti Immobiliari", ci immergiamo nelle basi imprescindibili che costituiscono il pilastro su cui poggia l'intero edificio degli investimenti nel settore immobiliare. Prima di esplorare le strategie innovative e le vie meno battute che permettono di generare reddito passivo senza possedere fisicamente immobili, è cruciale stabilire una solida comprensione dei principi fondamentali che regolano questo settore.

L'investimento immobiliare, tradizionalmente visto come uno dei metodi più affidabili e redditizi per costruire ricchezza, si basa su concetti che hanno resistito alla prova del tempo. Tuttavia, l'evoluzione del mercato e l'introduzione di nuove tecnologie hanno aperto la porta a metodi alternativi che promettono di democratizzare l'accesso a questo settore, rendendolo accessibile a un pubblico più ampio.

In questo capitolo, partiremo dal cuore dell'investimento immobiliare, esaminando il significato dell'apprezzamento del valore e del reddito da affitto, il ruolo della leva finanziaria e l'importanza della diversificazione e della gestione del rischio. Questi concetti sono i mattoni con cui costruiremo la nostra strategia di investimento, fornendo una base solida da cui partire verso strategie più avanzate e meno convenzionali.

Preparatevi a sfidare le vostre preconcezioni e ad ampliare il vostro orizzonte mentre esploriamo insieme le fondamenta degli investimenti immobiliari. Che siate nuovi al mondo degli investimenti o investitori esperti in cerca di nuove prospettive, questo capitolo aprirà la porta a nuove opportunità, illuminando il cammino verso il successo nel dinamico mondo degli investimenti immobiliari. L'investimento immobiliare è un pilastro del patrimonio finanziario e della generazione di reddito passivo per molti, secoli prima che le criptovalute e gli NFT catturassero l'immaginario collettivo. Al cuore dell'investimento immobiliare giace un concetto semplice ma potente: l'acquisto di terra o di proprietà con l'intento di guadagnare ritorni finanziari. Questi ritorni possono manifestarsi in diverse forme, come l'incremento del valore dell'immobile nel tempo, il reddito locativo da affitti, o una combinazione dei due.

L'Apprezzamento dell'Immobilie:

L'apprezzamento si riferisce all'aumento del valore di un immobile nel tempo. Questo aumento può essere il risultato di vari fattori, come miglioramenti apportati alla proprietà stessa, sviluppi nell'area circostante che rendono la zona più desiderabile, o cambiamenti nel mercato immobiliare più ampio. L'apprezzamento è spesso visto come il santo graal degli investimenti immobiliari, offrendo ritorni significativi sull'investimento iniziale.

Il Reddito da Affitto: Allo stesso tempo, il reddito da affitto offre agli investitori un flusso costante di entrate passive, trasformando le proprietà in vere e proprie macchine da guadagno. La chiave per massimizzare questo flusso di reddito sta nella scelta strategica della proprietà, nella gestione efficace degli affitti e nella capacità di mantenere i costi di manutenzione e gestione al minimo.

Leva Finanziaria: Un altro concetto fondamentale nell'investimento immobiliare è la leva finanziaria. Molti investitori scelgono di utilizzare il prestito ipotecario per acquistare proprietà, aumentando potenzialmente i loro ritorni sull'investimento mentre mettono a rischio una quantità minore di capitale proprio. Tuttavia, l'uso della leva finanziaria comporta anche un rischio maggiore, poiché gli obblighi di debito devono essere soddisfatti indipendentemente dalle condizioni del mercato.

Rischio e Diversificazione: Come in ogni forma di investimento, esiste un elemento di rischio nell'investimento immobiliare. I mercati possono fluttuare, le proprietà possono richiedere riparazioni impreviste, e gli affitti possono rimanere non pagati. La diversificazione, sia all'interno del mercato immobiliare che attraverso altre forme di investimento, è essenziale per mitigare questi rischi.

In sintesi, l'investimento immobiliare offre opportunità uniche per la crescita del capitale e per il reddito passivo, ma richiede una comprensione profonda dei suoi principi fondamentali. Man mano che esploreremo le strategie innovative per investire in immobili senza possederli direttamente, questi concetti di base serviranno come fondamenta su cui costruire le nostre conoscenze e le nostre strategie, permettendoci di navigare con successo nel mondo degli investimenti immobiliari.

Panoramica delle Strategie Senza Acquisto Diretto

Nel contesto attuale, caratterizzato da un mercato immobiliare sempre più inaccessibile per molti, emergono strategie innovative che permettono di investire senza la necessità di possedere direttamente un immobile. Queste strategie rappresentano un cambio di paradigma, offrendo opportunità uniche di generare reddito e di capitalizzare sull'apprezzamento immobiliare con un investimento iniziale ridotto e, in alcuni casi, quasi nullo.

House Hacking: Una delle strategie più accessibili è il cosiddetto "house hacking", che consiste nell'acquistare una proprietà multifamiliare, abitare in una delle unità e affittare le restanti. Questo permette di coprire il mutuo e le spese di gestione con i redditi degli affitti, vivendo praticamente "gratis" o generando un profitto. Sebbene questa strategia richieda la proprietà di un immobile, il suo approccio unico minimizza il capitale necessario per iniziare e massimizza il potenziale di guadagno.

Affitto Brevi: L'exploit delle piattaforme di affitto breve, come Airbnb, ha aperto nuove vie agli investitori. Affittando una proprietà (anche in locazione) su queste piattaforme, è possibile ottenere rendite significativamente più alte rispetto all'affitto tradizionale a lungo termine. Questo modello si adatta particolarmente bene a città con un alto flusso turistico o con eventi stagionali che attirano visitatori.

Crowdfunding Immobiliare: Il crowdfunding immobiliare consente di investire in progetti immobiliari di grande entità con capitale limitato, offrendo la possibilità di partecipare a investimenti che sarebbero altrimenti fuori portata per la maggior parte degli investitori individuali. Questi progetti spaziano dallo sviluppo di nuove costruzioni alla ristrutturazione di immobili esistenti, con la promessa di dividendi o quote dei profitti generati.

REITs (Real Estate Investment Trusts): Gli REITs offrono un'ulteriore alternativa per entrare nel mercato immobiliare senza possedere fisicamente immobili. Investendo in REITs, si acquistano sostanzialmente azioni di società che possiedono, operano o finanziano proprietà generate da reddito. Questo fornisce un'esposizione diversificata al settore immobiliare con liquidità significativamente maggiore rispetto all'acquisto diretto di immobili.

Queste strategie, insieme ad altre meno convenzionali, aprono la porta a un ampio spettro di investitori, rendendo il sogno dell'investimento immobiliare una realtà tangibile anche per coloro che non dispongono di ingenti somme di capitale. Il capitolo successivo approfondirà ogni strategia, esplorando come ciascuna possa essere implementata con successo per massimizzare i rendimenti e minimizzare i rischi.

CAPITOLO SECONDO

House Hacking e Affitti Brevi

Benvenuti al capitolo che potrebbe rivoluzionare il modo in cui pensate agli investimenti immobiliari e alla vostra abitazione principale. "House Hacking e Affitti Brevi" rappresenta un approccio dinamico e incredibilmente accessibile per entrare nel mondo degli investimenti immobiliari, sfruttando al massimo le risorse a vostra disposizione. Qui, esploreremo come trasformare una necessità - un posto dove vivere - in un'opportunità di investimento che genera reddito, riduce le vostre spese abitative e, in alcuni casi, vi permette di vivere quasi gratuitamente.

Il concetto di house hacking non è nuovo, ma mai come oggi ha offerto così tante possibilità grazie all'evoluzione del mercato degli affitti e alla popolarità delle piattaforme di affitto breve. In questo capitolo, vi guideremo attraverso le basi del house hacking, illustrando come potete utilizzare la vostra proprietà (o una parte di essa) per generare reddito. Poi, ci addentreremo nel mondo degli affitti brevi, svelando le strategie per massimizzare i profitti e navigare con successo nel mercato dinamico delle piattaforme come Airbnb.

House Hacking: Un'Introduzione Pratica
Il house hacking è un'arte quanto una scienza, un metodo attraverso il quale gli investitori immobiliari, sia novizi sia esperti, possono ridurre significativamente o eliminare del tutto i loro costi abitativi personali. La bellezza di questa strategia sta nella sua semplicità e nella sua accessibilità. Non è richiesto essere magnati immobiliari per iniziare; tutto ciò che serve è una proprietà con potenziale e una mentalità aperta verso nuove possibilità di generare reddito.

Scegliere la Proprietà Giusta: Il primo passo nel house hacking è selezionare la proprietà adatta. Idealmente, cercate un immobile multifamiliare, come una duplex, triplex o quadruplex, in cui potete vivere in una unità e affittare le restanti. La chiave è trovare una proprietà in una zona desiderabile con una forte domanda di affitti, garantendo così che le vostre unità siano raramente vuote.

Finanziamento e Spese: Molti house hacker sfruttano i prestiti ipotecari per finanziare l'acquisto, approfittando dei tassi di interesse relativamente bassi e delle opzioni di anticipo ridotto disponibili per le prime abitazioni. È fondamentale calcolare attentamente i vostri costi, inclusi mutuo, tasse, assicurazione e manutenzione, per assicurarvi che i redditi degli affitti coprano queste spese, possibilmente lasciandovi anche un profitto.

Gestione degli Affitti: Una volta acquisita la proprietà, la gestione efficace degli affitti diventa cruciale. Ciò include trovare e scremare inquilini affidabili, mantenere le proprietà in buone condizioni e gestire eventuali questioni legali o di manutenzione che sorgono. Per molti, l'uso di software di gestione immobiliare o l'assunzione di un manager di proprietà (soprattutto se possedete più unità) può semplificare significativamente questo processo.

Massimizzare il Reddito: Oltre agli affitti tradizionali, considerate la possibilità di sfruttare gli affitti brevi per aumentare i vostri profitti. Affittare una stanza o un'unità su piattaforme come Airbnb durante eventi cittadini di grande richiamo o stagioni turistiche può aumentare significativamente i vostri guadagni rispetto agli affitti a lungo termine.

Il house hacking richiede dedizione, ricerca e un po' di spirito imprenditoriale. Tuttavia, con la giusta proprietà e strategia, può trasformarsi in una fonte di reddito passivo significativo, permettendovi di vivere gratuitamente o addirittura di guadagnare vivendo nella vostra casa. Nei prossimi paragrafi, approfondiremo come ottimizzare la vostra strategia di house hacking e esploreremo il potenziale degli affitti brevi come catalizzatore per i vostri investimenti immobiliari.

Affitti Brevi: Sfruttare al Massimo le Piattaforme Online

Nel mondo odierno degli investimenti immobiliari, gli affitti brevi rappresentano una rivoluzione, offrendo un'opportunità senza precedenti per massimizzare i rendimenti degli investimenti con flessibilità e scalabilità.

Piattaforme come Airbnb, VRBO e Booking.com hanno trasformato il mercato degli affitti, permettendo a proprietari di case e investitori di sfruttare la crescente domanda di alloggi temporanei e di esperienze di viaggio autentiche. Questo paragrafo esplorerà come potete utilizzare gli affitti brevi per generare un significativo reddito passivo, delineando le strategie chiave per il successo.

Capire il Mercato: Il primo passo per avere successo negli affitti brevi è comprendere il mercato locale e la domanda di alloggi temporanei. Ciò comporta la ricerca dei periodi dell'anno in cui la domanda è più alta, come le stagioni turistiche o durante eventi speciali nella vostra città. Identificare il target di clientela — turisti, viaggiatori d'affari, famiglie in vacanza — può aiutarvi a personalizzare la vostra offerta per soddisfare le loro esigenze specifiche.

Ottimizzare la Proprietà per gli Ospiti: Per attrarre ospiti e garantire recensioni positive, la vostra proprietà deve spiccare. Ciò significa offrire un ambiente pulito, confortevole e ben arredato. Considerate piccoli investimenti in miglioramenti che possono aumentare significativamente l'attrattiva della vostra offerta, come una connessione Wi-Fi veloce, una smart TV o addirittura l'aggiunta di tocchi locali nell'arredamento che celebrino la vostra città o regione.

Pricing Dinamico: Una delle chiavi per massimizzare i profitti con gli affitti brevi è l'uso di un pricing dinamico. Utilizzate strumenti e software che adattano automaticamente i prezzi in base alla domanda di mercato, stagionalità, eventi locali e altri fattori. Questo approccio vi aiuta a rimanere competitivi e a ottimizzare i tassi di occupazione e i rendimenti.

Marketing e Visibilità: Per avere successo negli affitti brevi, la vostra proprietà deve essere facilmente trovabile e attraente. Ciò significa creare inserzioni dettagliate e visivamente accattivanti su più piattaforme. Investite in fotografie professionali e scrivete descrizioni chiare e coinvolgenti che evidenzino le caratteristiche uniche della vostra proprietà e della località. Non trascurate l'importanza delle recensioni positive; incoraggiate i vostri ospiti a lasciare feedback dettagliati per migliorare la visibilità e l'attrattività della vostra offerta.

Gestione Efficiente: Infine, la gestione efficace degli affitti brevi è fondamentale. Ciò include tutto, dalla comunicazione tempestiva con gli ospiti alla pulizia e manutenzione della proprietà. Considerate se gestire personalmente la vostra proprietà o se affidarvi a servizi di gestione professionale, specialmente se possedete più unità o se la vostra proprietà si trova lontano dalla vostra abitazione principale. Gli affitti brevi offrono un'opportunità eccezionale per gli investitori immobiliari di generare entrate significative. Tuttavia, il successo richiede dedizione, una comprensione profonda del mercato e una gestione attenta. Con le strategie giuste e un approccio oculato, gli affitti brevi possono trasformarsi in una fonte sostanziale di reddito passivo e in un pilastro della vostra strategia di investimento immobiliare.

In questo capitolo, abbiamo esplorato due delle strategie più innovative e accessibili nel panorama degli investimenti immobiliari: il house hacking e gli affitti brevi. Entrambe le strategie rappresentano vie praticabili per individui di ogni livello di esperienza per avvicinarsi al settore immobiliare, riducendo significativamente i costi abitativi personali o addirittura vivendo gratis, mentre si genera un reddito passivo.

Il house hacking si è rivelato un metodo efficace per trasformare una necessità — una casa in cui vivere — in un'opportunità di investimento. Richiede una mentalità aperta, la volontà di abbracciare una vita leggermente meno convenzionale, e la capacità di vedere oltre l'uso tradizionale delle proprietà residenziali. Attraverso questo approccio, abbiamo scoperto come l'acquisto intelligente di una proprietà multifamiliare può non solo fornire un tetto sopra la testa ma anche diventare una fonte costante di reddito.

Parallelamente, gli affitti brevi hanno dimostrato di essere un campo fertile per investimenti immobiliari con ritorni potenzialmente elevati. L'ascesa delle piattaforme online ha democratizzato l'accesso a questo mercato, consentendo a chiunque disponga di una proprietà di partecipare. Abbiamo sottolineato l'importanza della comprensione del mercato, della personalizzazione dell'offerta, dell'adozione di strategie di prezzo dinamiche, e di una gestione efficiente per massimizzare il successo.

Entrambe le strategie richiedono impegno, ricerca e un'attenta pianificazione, ma i benefici possono essere sostanziali. Non solo offrono la possibilità di costruire ricchezza attraverso l'investimento immobiliare, ma forniscono anche la libertà finanziaria e la flessibilità di vivere secondo i propri termini. Mentre procediamo nel nostro percorso verso l'esplorazione di ulteriori strategie innovative nel settore immobiliare, queste basi ci serviranno come pilastri su cui costruire un futuro finanziario più sicuro e prospero.

CAPITOLO TERZO

REITs e Crowdfunding Immobiliare

Nel viaggio verso la diversificazione degli investimenti immobiliari senza la necessità di possedere direttamente un immobile, il Capitolo 3 ci introduce nel mondo dei Real Estate Investment Trusts (REITs) e del crowdfunding immobiliare. Queste strategie offrono un accesso democratizzato al mercato immobiliare, permettendo agli investitori di partecipare a progetti su larga scala con investimenti minimi. Attraverso questo capitolo, esploreremo come sfruttare questi strumenti per costruire un portafoglio immobiliare diversificato, generare redditi passivi e approfittare dell'apprezzamento immobiliare senza le complicazioni della gestione diretta della proprietà.

REITs: Investire in Immobili con la Flessibilità delle Azioni
I Real Estate Investment Trusts (REITs) rappresentano una delle modalità più accessibili

e liquide per investire nel settore immobiliare. Creati per democratizzare l'investimento in immobili di grande valore, i REITs permettono agli investitori di acquistare azioni di società che possiedono, gestiscono o finanziano proprietà immobiliari che generano reddito, come edifici per uffici, appartamenti, centri commerciali, magazzini e hotel.

Comprendere i REITs: Al cuore dei REITs c'è un semplice principio: consentono di investire in portafogli di immobili allo stesso modo in cui si acquistano azioni di aziende. Questo rende l'investimento immobiliare accessibile a chiunque abbia la capacità di investire in borsa, eliminando gli ostacoli tradizionalmente associati all'acquisto diretto di proprietà, come il grande capitale iniziale, i mutui, le tasse di proprietà e la manutenzione.

Vantaggi dei REITs: Uno dei maggiori vantaggi dei REITs è la loro liquidità; le azioni possono essere acquistate e vendute con facilità attraverso la borsa valori. Inoltre, i REITs sono obbligati per legge a distribuire la maggior parte dei loro redditi imponibili ai loro azionisti sotto forma di dividendi, offrendo flussi di reddito regolari e potenzialmente attraenti. Questi dividendi sono spesso più alti rispetto ad altri investimenti, riflettendo i consistenti flussi di cassa generati dalle proprietà immobiliari.

Diversificazione e Rischio: Investire in REITs offre anche un'eccellente opportunità di diversificazione. Gli investitori possono accedere a diversi settori del mercato immobiliare, da quelli più stabili come gli appartamenti residenziali e gli uffici a quelli più volatili ma potenzialmente più redditizi come il retail e l'ospitalità. Tuttavia, come per ogni investimento, esiste un livello di rischio, influenzato da fattori come le fluttuazioni del mercato immobiliare, i tassi di interesse e la gestione della società REIT.

Come Iniziare: L'investimento in REITs inizia con la ricerca. Esaminare i bilanci dei REITs, la qualità e la diversificazione del loro portafoglio immobiliare, e il track record dei dividendi può aiutarvi a selezionare quelli più adatti ai vostri obiettivi di investimento. Fondi comuni di investimento e ETF (Exchange-Traded Funds) specializzati in REITs offrono un ulteriore livello di diversificazione, consentendo di investire in un ampio spettro di REITs con un unico acquisto.

Attraverso i REITs, gli investitori hanno la possibilità di partecipare all'economia immobiliare globale, beneficiando dell'apprezzamento del capitale e dei redditi da affitto, il tutto con la flessibilità e l'accessibilità delle azioni. Nel prossimo paragrafo, approfondiremo il crowdfunding immobiliare, un'altra strategia innovativa per diversificare ulteriormente il vostro portafoglio immobiliare senza le complicazioni della proprietà diretta.

Crowdfunding Immobiliare: Democratizzare l'Investimento Immobiliare

Nell'era digitale, il crowdfunding immobiliare emerge come una frontiera entusiasmante, abbattendo le barriere tradizionali all'investimento immobiliare e offrendo una piattaforma di partecipazione a un'ampia gamma di investitori. Questo metodo consente di raccogliere fondi da numerosi investitori attraverso piattaforme online per finanziare progetti immobiliari, sia residenziali che commerciali, unendo così le forze per realizzare investimenti che sarebbero altrimenti irraggiungibili per la maggior parte delle persone.

Il Fascino del Crowdfunding Immobiliare: La vera magia del crowdfunding immobiliare risiede nella sua capacità di aprire il mondo degli investimenti immobiliari a chi non dispone di grandi somme di capitale. Attraverso piccoli investimenti, gli individui possono ottenere una quota di proprietà in progetti immobiliari, dai nuovi sviluppi agli immobili esistenti, e beneficiare sia dell'apprezzamento del valore che dei redditi da affitto. Questo modello non solo rende l'investimento immobiliare più accessibile ma anche più democratico, poiché diversifica le opportunità di investimento al di là dei canali tradizionali.

Come Funziona: Le piattaforme di crowdfunding immobiliare operano raccogliendo capitali da un'ampia base di investitori, che poi vengono investiti in progetti selezionati con cura. Gli investitori ricevono in cambio una parte dei profitti generati dal progetto, proporzionale al loro investimento. Questo può avvenire sotto forma di dividendi periodici, derivanti dai redditi da affitto dell'immobile, o come guadagno in capitale al momento della vendita o ristrutturazione dell'immobile.

Selezionare la Piattaforma Giusta: La chiave per un investimento di successo nel crowdfunding immobiliare è la scelta della piattaforma. Con decine di piattaforme disponibili, è fondamentale fare la propria ricerca, valutando la loro reputazione, la trasparenza, la struttura delle commissioni e il tipo di progetti che offrono. Cercate piattaforme che offrano una due diligence approfondita sui progetti e che siano trasparenti riguardo ai rischi e alle potenziali ricompense.

Vantaggi e Sfide: Il crowdfunding immobiliare offre numerosi vantaggi, tra cui la possibilità di iniziare con piccoli investimenti, la diversificazione del portafoglio e l'accesso a mercati e progetti altrimenti inaccessibili. Tuttavia, come ogni investimento, comporta dei rischi, inclusa la possibile illiquidità dell'investimento e il rischio di perdita del capitale. Inoltre, i progetti immobiliari sono influenzati da fattori di mercato esterni, come le fluttuazioni economiche e i cambiamenti nelle normative locali, che possono impattare i rendimenti.

Perché Considerare il Crowdfunding Immobiliare: Nonostante i rischi, il crowdfunding immobiliare rimane un'opzione attraente per chi cerca di diversificare i propri investimenti e esplorare il settore immobiliare con un approccio più accessibile. Fornisce un modo unico per sostenere progetti immobiliari innovativi e sostenibili, partecipando direttamente alla crescita e allo sviluppo delle comunità.

In conclusione, il crowdfunding immobiliare rappresenta un eccitante sviluppo nel campo degli investimenti, offrendo opportunità uniche di partecipazione e rendimento. Man mano che questa modalità di investimento continua a evolversi e a maturare, promette di portare una nuova ondata di innovazione e accessibilità nel settore immobiliare, rendendolo un campo di gioco più equo e proficuo per investitori di ogni livello.

Il terzo capitolo ci ha guidato attraverso il dinamico mondo dei REITs e del crowdfunding immobiliare, due potenti veicoli di investimento che stanno rivoluzionando l'accesso al mercato immobiliare. Questi strumenti offrono agli investitori la flessibilità, l'accessibilità e la diversificazione necessarie per partecipare attivamente agli investimenti immobiliari, senza le complicazioni dirette della proprietà.

I REITs, con la loro natura liquida e la distribuzione di dividendi, rappresentano un modo eccellente per ottenere esposizione al settore immobiliare attraverso il mercato azionario. Offrono una soluzione semplice per coloro che desiderano beneficiare dei rendimenti del mercato immobiliare senza impegnarsi nella gestione diretta delle proprietà.

D'altra parte, il crowdfunding immobiliare apre le porte a progetti entusiasmanti, permettendo agli investitori di entrare nel settore immobiliare con investimenti più piccoli e offrendo la possibilità di supportare sviluppi diretti e specifici. Questa forma di investimento democratizza ulteriormente l'accesso al settore, incoraggiando una partecipazione più ampia e diversificata.

Entrambe le strategie richiedono una comprensione chiara dei rischi coinvolti, ma la loro accessibilità e il potenziale di rendimento le rendono opzioni attraenti per coloro che cercano di diversificare i loro portafogli e esplorare nuove opportunità nel settore immobiliare. Con la giusta ricerca e un approccio ponderato, REITs e crowdfunding immobiliare possono giocare un ruolo significativo nella costruzione di un portafoglio di investimenti immobiliari robusto e diversificato, aprendo la strada a un futuro finanziario più stabile e redditizio.

CAPITOLO QUARTO

Partnership e Lease Options

Il quarto capitolo apre una nuova prospettiva sull'investimento immobiliare, esplorando il potenziale delle partnership e delle lease options come strategie innovative per entrare nel mercato senza la necessità di possedere direttamente gli immobili. Queste tecniche offrono modi flessibili e creativi per approcciare l'investimento immobiliare, riducendo i rischi e massimizzando i potenziali rendimenti. Attraverso questo capitolo, scopriremo come collaborare con altri investitori può ampliare le opportunità disponibili e come utilizzare le lease options per controllare le proprietà con un investimento iniziale minimo.

Partnership: Unire le Forze nell'Investimento Immobiliare

Le partnership immobiliari rappresentano una strategia potente per coloro che cercano di ampliare il loro portafoglio immobiliare condividendo i costi e le responsabilità. Questa forma di investimento consente a investitori con risorse, competenze o obiettivi complementari di unirsi per realizzare progetti che sarebbero difficili o impossibili da affrontare da soli. Che si tratti di acquistare un immobile da ristrutturare e rivendere per profitto, o di sviluppare un progetto immobiliare da zero, le partnership offrono una via per ridurre i rischi individuali e sfruttare al massimo le risorse collettive.

Creare una Partnership Solida: La chiave per una partnership di successo risiede nella selezione accurata dei partner e nella definizione chiara degli accordi. È essenziale scegliere collaboratori che condividano la vostra visione, i vostri obiettivi di investimento e che abbiano competenze e risorse complementari alle vostre. Una comunicazione aperta e regolare è fondamentale per mantenere la partnership allineata e per affrontare qualsiasi sfida che possa emergere.

Strutturare l'Accordo: La struttura legale della partnership dovrebbe essere attentamente considerata e documentata in un accordo di partnership. Questo documento dovrebbe delineare i termini dell'investimento, inclusi i contributi di capitale, la distribuzione dei profitti, i ruoli e le responsabilità di ciascun partner, così come le procedure per risolvere eventuali disaccordi e per l'eventuale uscita dalla partnership. La consultazione con un avvocato specializzato in diritto immobiliare è consigliata per garantire che l'accordo protegga gli interessi di tutti i partner.

Vantaggi delle Partnership: Uno dei maggiori vantaggi delle partnership è la possibilità di condividere i rischi e le responsabilità. Inoltre, unire le risorse può consentire agli investitori di accedere a opportunità di investimento più grandi e potenzialmente più redditizie. La collaborazione può anche offrire vantaggi in termini di networking, condivisione delle conoscenze e supporto reciproco, elementi cruciali per il successo a lungo termine negli investimenti immobiliari.

Considerazioni Finali: Mentre le partnership offrono molti vantaggi, è fondamentale entrare in questi accordi con una comprensione chiara delle dinamiche e degli impegni coinvolti. Una selezione accurata dei partner, insieme a una struttura legale ben definita, può aumentare significativamente le probabilità di successo degli investimenti immobiliari condivisi. Con la giusta combinazione di competenze, risorse e visione, le partnership immobiliari possono sbloccare nuove e entusiasmanti opportunità di investimento, portando a risultati che superano la somma delle parti individuali.

Lease Options: Flessibilità e Opportunità nel Controllo degli Immobili

Le lease options rappresentano una strategia di investimento immobiliare straordinariamente flessibile che permette agli investitori di controllare un immobile con un investimento iniziale relativamente basso. Questo metodo offre l'opportunità di "bloccare" il prezzo di acquisto di un immobile per un periodo di tempo concordato, durante il quale l'investitore ha l'opzione, ma non l'obbligo, di procedere all'acquisto. Esploriamo come le lease options possono essere utilizzate per navigare nel mercato immobiliare, sfruttando le opportunità senza assumersi tutti i rischi e gli oneri della proprietà diretta.

Il Concetto di Lease Option: Una lease option combina un contratto di locazione con un'opzione di acquisto. L'investitore affitta l'immobile con l'intenzione di acquistarlo entro un periodo di tempo specificato, pagando al proprietario un premio per l'opzione di acquisto. Questo premio garantisce il diritto esclusivo all'acquisto a un prezzo prestabilito, indipendentemente dalle fluttuazioni del mercato immobiliare durante il termine dell'opzione.

Strategie di Investimento: Le lease options sono particolarmente attraenti in mercati in crescita, dove il valore degli immobili è previsto aumentare. Bloccando il prezzo d'acquisto oggi, gli investitori possono capitalizzare sull'apprezzamento futuro dell'immobile. Inoltre, durante il periodo di locazione, gli investitori possono generare reddito affittando l'immobile a terzi o vivendovi personalmente, riducendo i costi abitativi mentre valutano l'opportunità di investimento a lungo termine.

Vantaggi per Investitori e Proprietari: Per gli investitori, le lease options offrono un modo a basso rischio per accedere agli investimenti immobiliari, con la flessibilità di non procedere all'acquisto se le condizioni di mercato cambiano o se l'immobile non soddisfa le aspettative. Per i proprietari, offrire una lease option può essere un modo efficace per vendere proprietà in un mercato difficile, garantendo nel frattempo un reddito locativo e un potenziale compratore a lungo termine.

Considerazioni Chiave: Nell'approcciare le lease options, è cruciale effettuare una due diligence approfondita sull'immobile e sul mercato locale. Gli investitori dovrebbero considerare la stabilità del mercato immobiliare, i potenziali costi di manutenzione e ristrutturazione, e le prospettive di apprezzamento dell'immobile. È inoltre essenziale negoziare termini chiari e equi per la lease option, definendo con precisione prezzo di acquisto, durata dell'opzione, e qualsiasi condizione legata all'acquisto.

In conclusione, le lease options rappresentano una strategia di investimento potente e flessibile che offre opportunità uniche sia per i nuovi investitori che per quelli esperti. Incorporando le lease options nel vostro portafoglio di investimenti immobiliari, potete esplorare nuove vie per la crescita e il successo finanziario, mantenendo al contempo un livello di controllo e flessibilità che è difficile da ottenere con metodi di investimento più tradizionali.

CAPITOLO QUINTO

Storie di Successo

Il quinto capitolo del nostro viaggio attraverso l'universo degli investimenti immobiliari senza possedere fisicamente gli immobili ci porta nel cuore pulsante dell'ispirazione: le storie di successo. In questo capitolo, esploreremo in profondità come individui provenienti da vari sfondi e con diversi livelli di esperienza hanno navigato nel mondo degli investimenti immobiliari, trasformando le sfide in trionfi e le idee in flussi di reddito passivo. Queste narrazioni non solo ci offrono preziose lezioni pratiche ma servono anche come potente promemoria del potenziale che risiede in strategie innovative e pensiero creativo nel settore immobiliare.

Trasformare le Sfide in Opportunità: La Storia di Marco

Una delle storie più emblematiche di successo nel panorama degli investimenti immobiliari è quella di Marco, un giovane professionista con una passione per l'innovazione ma senza un significativo capitale iniziale per investire. Marco si avvicinò al mondo degli investimenti immobiliari con un misto di entusiasmo e cautela, consapevole delle sfide ma determinato a trovare un percorso verso il successo finanziario.

Il Primo Passo: La storia di Marco inizia con una profonda ricerca e un'attenta pianificazione. Senza la possibilità di acquistare immobili, Marco decise di concentrarsi sul house hacking, individuando un piccolo edificio multifamiliare in una zona in crescita della sua città. Nonostante le sue riserve iniziali, Marco vide il potenziale nascosto dell'immobile e la possibilità di coprire il suo mutuo e le spese vivendo in una delle unità mentre affittava le altre.

Affrontare le Sfide: Marco affrontò numerose sfide lungo il percorso, dalla navigazione attraverso il processo di ottenimento del mutuo alla gestione delle ristrutturazioni necessarie per rendere l'edificio attraente per gli inquilini. La sua determinazione e la sua volontà di imparare da ogni ostacolo lo portarono a superare questi ostacoli, trasformando un edificio che molti consideravano un investimento rischioso in una fonte fiorente di reddito passivo.

Lezioni Apprese e Crescita: Attraverso il processo, Marco imparò l'importanza di una due diligence approfondita, della creazione di una rete di contatti fidati nel settore dell'edilizia e della gestione immobiliare, e dell'adattabilità alle mutevoli condizioni di mercato. La sua esperienza con il house hacking gli fornì la fiducia e le competenze per esplorare ulteriori opportunità di investimento, incluso il crowdfunding immobiliare e le partnership, ampliando il suo portafoglio e diversificando i suoi flussi di reddito.

La storia di Marco è solo un esempio tra le molte narrazioni di successo che popolano il settore degli investimenti immobiliari senza possesso diretto. La sua esperienza sottolinea un tema ricorrente: con l'ingegnosità, la perseveranza e una mentalità aperta alle nuove strategie, è possibile superare le barriere tradizionali all'investimento immobiliare e costruire un futuro finanziario prospero. Questo capitolo si dedicherà a svelare altre storie simili, ciascuna con le proprie uniche sfide, strategie e trionfi, fornendo ispirazione e orientamento pratico per i vostri propri viaggi di investimento.

Da Sfide a Trionfi: La Rivoluzione di Elena nel Real Estate

Un'altra storia che merita di essere raccontata è quella di Elena, una donna intraprendente che ha saputo sfruttare al meglio le opportunità offerte dal crowdfunding immobiliare per creare un'impressionante fonte di reddito passivo. Senza esperienza pregressa nel settore immobiliare e con risorse limitate, Elena ha intrapreso un viaggio che l'ha portata a diventare una figura di spicco nel panorama degli investimenti immobiliari innovativi.

Inizio del Viaggio: Elena iniziò il suo percorso di investimento con cautela, dedicando molto tempo alla ricerca e all'educazione finanziaria. Scoperta l'esistenza del crowdfunding immobiliare, fu colpita dalla possibilità di partecipare a progetti immobiliari di grande scala con investimenti minimi. Questo approccio democratizzato all'investimento immobiliare le permise di mettere a frutto anche somme di denaro relativamente piccole, diversificando il suo portafoglio oltre i tradizionali investimenti azionari.

Superare gli Ostacoli: Uno dei maggiori ostacoli che Elena dovette affrontare fu la selezione dei progetti giusti in cui investire. La vasta gamma di opportunità disponibili sulle piattaforme di crowdfunding poteva essere al tempo stesso entusiasmante e schiacciante. Attraverso un'approfondita due diligence e lo sviluppo di una rete di contatti fidati nel settore, Elena riuscì a identificare quei progetti con il maggior potenziale di rendimento, focalizzandosi su quelli che offrivano una buona bilancia tra rischio e ricompensa.

La Crescita e il Successo: La determinazione di Elena e la sua capacità di fare scelte informate la portarono a successi significativi nel corso degli anni. I suoi investimenti iniziali nel crowdfunding immobiliare non solo generavano un flusso costante di reddito passivo ma anche apprezzavano nel valore, incrementando notevolmente il suo patrimonio netto. Questi successi le permisero di reinvestire in nuovi progetti con maggiore confidenza, ampliando ulteriormente il suo portafoglio e i suoi orizzonti di investimento.

Impatto e Ispirazione: La storia di Elena dimostra come l'innovazione nel settore immobiliare, abbinata a una mentalità aperta e determinata, possa offrire opportunità senza precedenti per gli investitori individuali. La sua esperienza serve da ispirazione per coloro che cercano di entrare nel mercato immobiliare con risorse limitate, sottolineando l'importanza dell'educazione finanziaria, della due diligence e della rete di supporto.

La Trasformazione di Luca: Da Inquilino a Investitore Immobiliare

Un caso particolarmente stimolante è la storia di Luca, il cui percorso nel mondo degli investimenti immobiliari è iniziato da una posizione inaspettata: quella di un inquilino. Senza una grande disponibilità finanziaria iniziale e con limitata conoscenza del mercato immobiliare, Luca ha scoperto un modo creativo per entrare nel settore, trasformandosi da semplice inquilino a investitore immobiliare attraverso l'utilizzo intelligente delle lease options.

Il Punto di Partenza: Luca viveva in un appartamento che amava, situato in un'area della città destinata a una rapida valorizzazione. Tuttavia, con i prezzi degli immobili in aumento, l'idea di acquistare sembrava irraggiungibile. Fu allora che scoprì la possibilità di una lease option direttamente con il suo padrone di casa. Questo accordo gli avrebbe permesso di "bloccare" un prezzo di acquisto oggi, con la possibilità di completare l'acquisto in futuro, dandogli il tempo di migliorare la sua situazione finanziaria.

Navigare Attraverso le Sfide: La strada non fu priva di ostacoli. Luca dovette negoziare attentamente i termini dell'opzione di locazione con il proprietario, garantendo un accordo che fosse vantaggioso per entrambi. Dovette anche affrontare il compito di accumulare il capitale necessario per l'acquisto nel periodo dell'opzione, il che significava stringere la cinghia e trovare modi creativi per aumentare i suoi redditi.

Il Successo e Oltre: Attraverso dedizione e ingegnosità, Luca riuscì a mettere da parte abbastanza denaro per esercitare l'opzione di acquisto. L'apprezzamento dell'immobile nel periodo dell'opzione significava che stava acquistando la casa a un prezzo significativamente inferiore al valore di mercato corrente. Questa esperienza iniziale gli fornì non solo una casa propria ma anche un prezioso capitale immobiliare. Luca ha poi utilizzato questa base per esplorare ulteriori investimenti, comprese le partnership immobiliari e il crowdfunding, espandendo il suo portafoglio e costruendo un solido flusso di reddito passivo.

Lezioni Imparate: La storia di Luca sottolinea l'importanza della creatività e della flessibilità negli investimenti immobiliari. Dimostra come, anche senza un grande capitale iniziale, ci siano strategie che possono aprire le porte a significative opportunità di investimento. La sua esperienza è una testimonianza del potere di approcci non convenzionali e dell'importanza di una negoziazione efficace e di una pianificazione finanziaria solida.

Attraverso queste storie di successo, il Capitolo 5 vuole illuminare il cammino per coloro che cercano di entrare nel mondo degli investimenti immobiliari senza possedere direttamente proprietà. Le narrazioni di Marco, Elena e Luca, ciascuna con i propri ostacoli, strategie e trionfi, sono fonte di ispirazione e guida pratica, dimostrando che con determinazione, ingegnosità e accesso a strategie innovative, l'investimento immobiliare è alla portata di tutti.

CAPITOLO SESTO

Affrontare le Sfide Legali e Finanziarie

Il viaggio nell'investimento immobiliare, soprattutto quando si intraprende senza possedere direttamente gli immobili, è costellato di sfide uniche. Questo capitolo si dedica a esplorare le complessità legali e finanziarie che gli investitori devono navigare per proteggere i loro investimenti e massimizzare i loro rendimenti. Dalle considerazioni fiscali alle questioni di compliance legale, comprendere queste sfide è fondamentale per ogni investitore che desidera costruire un portafoglio immobiliare solido e redditizio senza incorrere in rischi inaspettati.

Navigare nel Labirinto Legale

Un aspetto cruciale dell'investimento immobiliare senza possesso diretto è la capacità di navigare efficacemente nel labirinto delle normative legali. Questo include la comprensione delle leggi locali sulla proprietà e l'affitto, le normative sui titoli per investimenti come REITs e fondi di crowdfunding, e le leggi che regolano le partnership e le joint ventures immobiliari. La conoscenza di queste aree legali è vitale per evitare dispute costose, sanzioni e ritardi che possono erodere i profitti e aumentare i rischi.

La Protezione degli Investimenti attraverso la Due Diligence: Prima di impegnarsi in qualsiasi investimento immobiliare, è essenziale condurre una due diligence approfondita. Questo processo include l'analisi della validità legale delle strutture di investimento, la verifica della conformità degli immobili con le normative edilizie e ambientali, e la valutazione dei potenziali rischi legali associati all'investimento. La due diligence aiuta non solo a identificare le opportunità più promettenti ma anche a prevenire problemi legali che potrebbero sorgere in seguito.

Affrontare le Sfide Fiscali: Un'altra sfida significativa nell'investimento immobiliare è la gestione delle implicazioni fiscali. Gli investitori devono essere ben informati sulle leggi fiscali applicabili agli investimenti immobiliari, inclusi i trattamenti delle plusvalenze, le detrazioni per deprezzamento, e le specificità fiscali dei veicoli di investimento come REITs e società di crowdfunding. La pianificazione fiscale strategica è fondamentale per massimizzare i rendimenti dopo le tasse, sfruttando le strutture e le strategie che offrono vantaggi fiscali ottimali.

Creare Strutture Legalmente Solide: Un Approccio Stratificato alla Protezione degli Investimenti

La creazione di strutture legalmente solide rappresenta un capitolo fondamentale nella saga dell'investitore immobiliare innovativo. Nel mondo degli investimenti immobiliari, dove la volatilità e l'incertezza possono essere costanti, l'edificazione di un baluardo legale attorno ai propri investimenti non è solo prudente, ma essenziale. Questo processo va oltre la semplice conformità legale, trasformandosi in un'arte che bilancia astutamente la protezione degli investimenti con la massimizzazione dei rendimenti.

L'Arte della Strutturazione Legale:

L'investimento immobiliare senza possesso diretto introduce gli investitori in una dimensione dove le strategie di strutturazione legale diventano tanto cruciali quanto l'investimento stesso. Utilizzare entità legali come le società a responsabilità limitata (LLC) non è solo una scelta; è una mossa strategica. Queste strutture offrono una doppia promessa: proteggono gli investitori dalla responsabilità personale per le passività dell'investimento e ottimizzano le strategie fiscali per accrescere i rendimenti netti.

*Navigazione tra le Acque delle Leggi Societarie e Fisca*li: L'adozione di tali strutture richiede una navigazione abile tra le complesse leggi societarie e fiscali. La costituzione di un'LLC, per esempio, apre la porta a un regime fiscale più favorevole, consentendo ai redditi e alle perdite di "passare" direttamente ai soci, evitando così la doppia tassazione. Tuttavia, la vera maestria risiede nell'adattare la struttura legale alle specifiche esigenze dell'investitore, bilanciando saggiamente le protezioni offerte con le opportunità di crescita dell'investimento.

Il Principio della Due Diligence Legale: Al cuore di questo processo c'è la due diligence legale - un'analisi meticolosa che esamina ogni aspetto dell'investimento dal punto di vista legale. Questo va dalla verifica della conformità dell'investimento con le leggi locali e nazionali, all'analisi delle potenziali esposizioni legali e alla valutazione delle migliori pratiche per la gestione e la mitigazione dei rischi. La due diligence legale è il fondamento su cui costruire una strategia di investimento immobiliare sicura e solida.

Collaborazione con Esperti: Nell'orchestrare queste strutture complesse, la saggezza non sta solo nell'acquisire conoscenze ma anche nel riconoscere quando cercare l'esperienza esterna. Avvocati specializzati in diritto immobiliare e consulenti fiscali diventano alleati indispensabili in questa avventura, offrendo consulenza strategica per navigare le acque talvolta tumultuose dell'investimento immobiliare. La loro guida può illuminare sentieri meno battuti che portano a vantaggi fiscali, protezioni legali, e in ultima analisi, a un portafoglio immobiliare più robusto e redditizio.

Un Equilibrio Dinamico: In ultima analisi, creare strutture legalmente solide è un processo dinamico che richiede un equilibrio tra protezione e flessibilità. Mentre gli investitori cercano di proteggere i loro asset dai rischi, devono anche rimanere agili, pronti a adattarsi alle mutevoli condizioni del mercato e alle evoluzioni legislative. Questo equilibrio dinamico non solo salvaguarda gli investimenti ma apre anche nuove possibilità di crescita, evidenziando la creazione di strutture legali non come un fine ma come un potente strumento di strategia immobiliare.

Attraverso l'implementazione di strutture legalmente solide e la collaborazione con esperti del settore, gli investitori possono non solo affrontare ma prosperare di fronte alle sfide legali e finanziarie, trasformando potenziali ostacoli in opportunità per un investimento immobiliare senza possesso diretto di successo.

Ottimizzazione Fiscale e Gestione Finanziaria

La gestione efficace delle implicazioni fiscali e finanziarie degli investimenti immobiliari senza possesso diretto è tanto un'arte quanto una scienza. In questo ambito, gli investitori si trovano a dover navigare un complesso labirinto di regolamenti fiscali, cercando vie per massimizzare i propri rendimenti pur rimanendo in linea con le normative vigenti. L'ottimizzazione fiscale, quando eseguita correttamente, può trasformare le prestazioni di un investimento, elevando significativamente il profilo di profitto dell'investitore.

Strategie di Ottimizzazione Fiscale: Una componente cruciale dell'ottimizzazione fiscale è la pianificazione proattiva. Questo include l'impiego di strutture di investimento, come REITs o società di crowdfunding immobiliare, che offrono trattamenti fiscali preferenziali. Per esempio, investire attraverso un REIT può permettere agli investitori di beneficiare di distribuzioni di reddito esenti da alcune forme di tassazione, a condizione che il REIT distribuisca la maggior parte dei suoi redditi ai suoi azionisti. La scelta di veicoli di investimento in linea con gli obiettivi finanziari personali e il profilo fiscale può portare a risparmi significativi.

Gestione del Flusso di Cassa e Leva Finanziaria: Al di là delle questioni fiscali, la gestione finanziaria degli investimenti immobiliari richiede una pianificazione attenta del flusso di cassa e dell'uso della leva finanziaria. Gli investitori devono bilanciare l'acquisizione di asset con il mantenimento di una riserva di liquidità adeguata per coprire eventuali spese impreviste o periodi di vacanza degli immobili. L'utilizzo strategico della leva finanziaria, come i prestiti per investimenti immobiliari, deve essere ponderato attentamente per evitare un'eccessiva esposizione al debito che potrebbe mettere a rischio l'intero portafoglio.

Rischi e Soluzioni Finanziarie: Affrontare le sfide finanziarie significa anche prepararsi per i rischi potenziali, come le fluttuazioni del mercato immobiliare o i cambiamenti nelle condizioni economiche generali. La diversificazione degli investimenti immobiliari, sia geograficamente che per tipo di proprietà, può aiutare a mitigare questi rischi. Inoltre, la creazione di un fondo di emergenza specifico per gli investimenti immobiliari può fornire una rete di sicurezza finanziaria, assicurando che gli investitori possano gestire gli imprevisti senza compromettere la loro stabilità finanziaria generale.

L'ottimizzazione fiscale e la gestione finanziaria sono elementi chiave per il successo a lungo termine negli investimenti immobiliari senza possesso diretto. Gli investitori che dedicano tempo e risorse per comprendere e applicare queste strategie non solo proteggono i loro investimenti ma migliorano anche significativamente le loro prospettive di rendimento. Con una pianificazione attenta e una gestione strategica, gli investitori possono navigare con successo nelle complesse acque delle finanze immobiliari, trasformando le sfide in opportunità di crescita e profitto.

CONCLUSIONE

Mentre giungiamo al termine di questo viaggio esplorativo nel mondo dell'investimento immobiliare senza possesso diretto, è essenziale fermarsi un momento per riflettere su quanto appreso e sulle prospettive future che attendono l'investitore moderno. Questo libro ha cercato di disegnare una mappa che guida attraverso le molteplici strade dell'investimento immobiliare, evidenziando come, anche senza possedere fisicamente una proprietà, si possano costruire solide fondamenta per un futuro finanziario prospero.

La Democrazia dell'Investimento: Abbiamo esplorato come le innovazioni tecnologiche e finanziarie abbiano democratizzato l'investimento immobiliare, rendendolo accessibile a un pubblico più ampio. Questa democratizzazione non solo apre la porta a nuove opportunità di investimento ma solleva anche importanti questioni di equità e inclusione nel mondo finanziario. Gli investimenti immobiliari senza possesso diretto rappresentano un passo avanti verso l'abbattimento delle barriere tradizionali all'entrata, permettendo a un numero maggiore di persone di partecipare alla creazione di ricchezza.

Le Sfide Persistono: Nonostante le opportunità, non dobbiamo sottovalutare le sfide che persistono. Navigare le complessità legali e finanziarie richiede non solo una base di conoscenza solida ma anche una volontà di apprendere e adattarsi. Le storie di successo condivise in questo libro illuminano il cammino ma servono anche da monito sulle difficoltà che possono sorgere e sulla resilienza necessaria per superarle.

Un Futuro di Possibilità: Guardando al futuro, l'investimento immobiliare senza possesso diretto sembra destinato a evolversi ulteriormente, spinto dall'innovazione tecnologica e da cambiamenti nei comportamenti e nelle aspettative degli investitori. La crescente prevalenza di piattaforme di crowdfunding, la tokenizzazione degli asset immobiliari, e l'esplorazione di nuovi modelli di affari suggeriscono un panorama in continua trasformazione, ricco di nuove opportunità per gli investitori attenti e intraprendenti.

L'Importanza della Formazione Continua: Se c'è un insegnamento che trascende tutti gli altri, è il valore inestimabile della formazione continua. Il paesaggio dell'investimento immobiliare è in perenne movimento, e solo attraverso l'istruzione continua possiamo sperare di navigarlo con successo. L'impegno verso l'apprendimento e la crescita personale sarà il faro che guida gli investitori attraverso le incertezze verso le acque calme del successo finanziario.

Invito alla Riflessione: Infine, lascio il lettore con un invito alla riflessione. Considerate le opportunità e le sfide dell'investimento immobiliare senza possesso diretto non solo come transazioni finanziarie ma come parte di un viaggio più ampio verso l'autorealizzazione e l'indipendenza economica. Riflettete su come gli insegnamenti di questo libro possano essere applicati non solo nella vostra vita finanziaria ma come parte di un impegno più ampio verso il miglioramento personale e la costruzione di una comunità più equa e inclusiva.

In quest'epoca di possibilità illimitate, l'investimento immobiliare senza possesso diretto si presenta come una frontiera entusiasmante, una prova tangibile di come l'innovazione possa trasformare non solo i mercati ma le vite stesse. Che il vostro viaggio in questa terra ricca di promesse sia tanto fruttuoso quanto illuminante.

APPENDICI

Glossario dei Termini Immobiliari

Questo glossario è pensato per fornire ai lettori una comprensione chiara dei termini tecnici e specifici del settore immobiliare utilizzati nel libro. Ecco alcuni esempi di voci che potrebbero essere incluse:

House Hacking: Strategia di investimento immobiliare che consente di vivere in una parte della proprietà acquistata e affittare il resto per coprire il mutuo e le spese.

REIT (Real Estate Investment Trust): Società che possiede, e in molti casi gestisce, proprietà generate da reddito. Offre agli investitori la possibilità di investire in portafogli di immobili.

Crowdfunding Immobiliare: Raccolta di capitali da parte di un numero elevato di persone, di solito tramite internet, per finanziare progetti immobiliari.

Lease Option: Accordo in cui il locatario ha l'opzione di acquistare la proprietà immobiliare in un momento concordato durante il periodo di locazione.

Elenco di Risorse Utili

Questa sezione offre agli lettori una lista curata di risorse aggiuntive per approfondire la loro conoscenza sugli investimenti immobiliari e rimanere aggiornati sulle ultime tendenze del settore. Potrebbe includere:

Siti Web:

BiggerPockets.com: Una community online con risorse per investitori immobiliari di ogni livello.
Investopedia.com/real-estate: Guide approfondite e articoli sul settore immobiliare.
Libri:

"L'investimento immobiliare Made Easy" di Michael Blank: Una guida per chi inizia il percorso negli investimenti immobiliari.
"Real Estate Investing for Dummies" di Eric Tyson e Robert S. Griswold: Una panoramica accessibile sul tema degli investimenti immobiliari.
Forum:

Forum di BiggerPockets: Spazio per discussioni, domande e consigli tra investitori immobiliari.
Software:

Propertyware: Soluzione software per la gestione immobiliare, ottima per chi possiede o gestisce più proprietà.
REIPro: Software di lead generation e analisi per investitori immobiliari.

Disclaimer

Questo libro è stato creato con l'obiettivo di fornire informazioni generali e ispirazione sul tema degli investimenti immobiliari senza possesso diretto. Si prega di notare che le condizioni di mercato, le leggi e le normative finanziarie sono soggette a cambiamenti rapidi e frequenti, pertanto le informazioni fornite potrebbero non essere aggiornate o applicabili a tutte le situazioni o giurisdizioni. Le strategie, i consigli e le storie di successo presentati in questo libro sono forniti a scopo esemplificativo e non intendono garantire risultati specifici.

È importante sottolineare che gli autori e gli editori di questo libro non si assumono alcuna responsabilità per le azioni intraprese dai lettori sulla base delle informazioni fornite, né per eventuali perdite finanziarie o di altra natura che possano derivare da tali azioni. Gli investimenti immobiliari comportano rischi, inclusa la potenziale perdita di capitale, e ogni decisione di investimento dovrebbe essere presa con cautela e considerazione dei rischi coinvolti.

Questo libro non fornisce consulenza legale, fiscale, investimentale o professionale di alcun tipo. Se è richiesto un consiglio specifico o professionale, si raccomanda vivamente di consultare un professionista qualificato e licenziato nell'area di interesse.

Gli autori e gli editori declinano espressamente ogni responsabilità per eventuali conseguenze dirette o indirette derivanti dall'utilizzo delle informazioni contenute in questo libro. La decisione di seguire qualsiasi suggerimento o di impegnarsi in qualsiasi investimento basato sul contenuto di questo libro è presa interamente a rischio del lettore.

L'intenzione di questo libro è di educare e stimolare una discussione informata sugli investimenti immobiliari senza possesso diretto. Invitiamo i lettori a procedere con prudenza, a fare una ricerca approfondita e a consultare professionisti prima di intraprendere qualsiasi azione di investimento.

9 798884 631694